AF388650

RÉGIME DOUANIER COLONIAL

RAPPORT

Présenté au nom de la Commission des Questions Industrielles

Par M. M. LEMARCHAND

Adopté et converti en Délibération par la Chambre de Commerce de Rouen

(Séance du 12 Novembre 1910)

ROUEN

IMPRIMERIE LECERF FILS

1910

RÉGIME DOUANIER COLONIAL

Rapport présenté au nom de la Commission des Questions Industrielles

Par M. M. LEMARCHAND

Adopté et consacré en délibération par la Chambre de Commerce de Rouen

(Séance du 12 novembre 1910)

MESSIEURS,

Lors de la discussion de la loi douanière promulguée le 29 mars 1910, diverses objections ayant été soulevées au sujet du régime douanier à appliquer aux colonies, le Sénat et la Chambre des Députés réservèrent virtuellement cette question en insérant dans le texte de la loi l'art. 7 qui contient la disposition suivante :

« Les tarifs faisant l'objet de la présente loi ne seront exécutoires, en ce qui concerne les importations des produits étrangers dans les colonies, les possessions françaises et les pays de protectorat de l'Indo-Chine, qu'après que des décrets en forme de règlement d'administration publique, rendus sur le rapport du Ministre des Colonies, du Ministre du Commerce et de l'Industrie et du Ministre des Finances, et après avis des Conseils généraux ou Conseils d'administration des colonies, auront déterminé les produits qui, par exception au paragraphe 3 de l'article 3 de la loi du 11 janvier 1892, seront l'objet d'une tarification spéciale.

« L'effet de cette disposition ne pourra excéder le délai d'un an. »

Cette prescription produisit chez nos industriels une émotion d'autant plus légitime que le texte de l'art. 7 prévoit que les Conseils généraux ou Conseils d'administration des colonies seront consultés, mais qu'il n'est point question de prendre l'avis des industriels et commerçants français représentés soit par les Chambres de Commerce, soit par les Syndicats.

Des doléances très pressantes furent présentées à ce sujet aux Ministres compétents, et c'est vraisemblablement pour y faire droit qu'ils ont adressé aux Chambres de Commerce et à divers groupements le questionnaire auquel nous allons répondre.

A vrai dire, les décrets prévus à l'art. 7 ne peuvent produire effet pendant plus d'un an, et il faudra pendant ce délai que le régime douanier colonial soit discuté et réglé par les Chambres. Mais cette question est si grave pour l'avenir de notre industrie métropolitaine, que nous ne saurions la suivre avec trop de soin.

Avant de rédiger nos réponses au questionnaire, il parait intéressant d'indiquer :

1° Les chiffres pour la période quinquennale de 1905 à 1909 des exportations de la France dans ses diverses colonies et pays de protectorat (Algérie exceptée) ;

2° Les chiffres pour la période quinquennale de 1905 à 1909 des importations des diverses colonies (Algérie exceptée) en France.

Nous avons cru devoir nous abstenir de faire figurer dans le tableau qui va suivre les chiffres qui représentent l'importance de nos échanges avec l'Algérie, en raison des conditions spéciales dans lesquelles elle se trouve par rapport à la France.

Conquise depuis longtemps déjà, un grand nombre de nos compatriotes y ont créé d'importants comptoirs; elle n'est qu'à quelques heures de voyage de la France, à laquelle elle est reliée par de nombreuses lignes de paquebots à départs très fréquents.

Dans ces conditions, nous croyons qu'il serait absolument illogique, en répondant au présent questionnaire, d'assimiler l'Algérie à nos autres colonies.

Colonies (moins Algérie).

Valeur en mille francs.

	Importé en France.	Exporté de France.	Total.
1905....	236.536	258.834	495.370
1906....	280.466	247.489	527.955
1907....	319.317	292.989	612.306
1908....	343.300	285.877	629.177
1909....	398.724	313.222	711.946
Moyenne :			
1905-1909.	315.668	279.682	595.350

L'examen de ces chiffres est particulièrement suggestif.

Il ressort du tableau précédent que de 1905 à 1909 la Métropole a exporté en moyenne 279,682,000 francs par an de produits divers dans ses colonies.

On ne pourrait faire perdre un tel débouché au commerce de la France sans commettre un acte de très coupable imprévoyance.

Une erreur commise en un sujet aussi important déchaînerait dans notre pays une crise économique dont les effets seraient incalculables.

Le même tableau démontre que, de 1905 à 1909, les importations des colonies en France ont été en moyenne de 315,668,000 francs par an. Il est particulièrement intéressant de constater que le montant des importations des colonies en France dépasse celui des exportations de la France dans ses colonies.

Que valent donc, dès lors, les plaintes de ceux qui se plaisent à représenter nos colonies comme des victimes de la Métropole ?

Je m'excuse, Messieurs, d'avoir quelque peu allongé ce travail ; mais il me paraît que les constatations que nous venons de faire étaient nécessaires à présenter, parce qu'elles fortifient, en les justifiant et en les expliquant, les réponses que nous allons faire au questionnaire qui nous a été adressé par le Ministère des Colonies.

RÉPONSES AU QUESTIONNAIRE

Question I.

Principes de la loi du 11 janvier 1892.

Y-a-t-il lieu de maintenir les principes généraux posés par la loi du 11 janvier 1892 en ce qui concerne les colonies, à savoir :

a) Application des tarifs métropolitains aux importations étrangères dans nos colonies, sous la double réserve : 1° qu'un certain nombre de territoires demeureront exceptés de ce régime ; 2° que, par exception, certains articles pourront être l'objet de tarifications spéciales dans les colonies soumises au régime de l'assimilation douanière ;

b) Concession corrélative d'un traitement spécialement favorisé aux importations des colonies dans la métropole. S'il paraissait désirable de renoncer à ce système, quel régime conviendrait il d'y substituer ?

Dans le cas contraire, y aurait-il lieu d'y apporter des modifications, et lesquelles ?

Les colonies sont un prolongement de la mère-patrie, elles sont terres françaises, et à ce titre, nous n'hésitons pas à affirmer qu'elles doivent être, en principe tout au moins, soumises à notre régime douanier.

Ce n'est point pour obéir aux suggestions d'un entraînement impulsif, chevaleresque même, mais qui n'est plus de notre temps, ni pour nous lancer dans les folies glorieuses et stériles de quelques nouvelles guerres de munificence, que depuis près d'un demi-siècle nous n'avons reculé devant aucun sacrifice en hommes et en argent en vue de créer et d'augmenter notre admirable domaine colonial. Ceux qui, au lendemain de nos revers, ont engagé la France dans le système des conquêtes lointaines, ont fait preuve d'une clairvoyance géniale à laquelle il n'est que juste de rendre un trop tardif hommage.

Ils ont prévu qu'en raison des charges qui lui incombaient, la France ne pourrait plus longtemps lutter à armes égales avec les autres nations sur le marché mondial; c'est alors que, ne voulant pas laisser son activité économique s'atrophier, sa richesse décroître, ils se sont attachés à trouver au loin, en Afrique, en Asie, des débouchés à son industrie et à son commerce.

Sera-t-il dit qu'une telle œuvre sera vaine par notre faute ?

D'ailleurs, nous avons vu plus haut que la balance des échanges effectués entre la France et ses colonies est en faveur de ces dernières; de telle sorte qu'il semble très juste de soutenir qu'elles n'ont pas à se plaindre de leur sort.

Enfin, si nous nous imposons de lourds sacrifices pour faire la police dans nos colonies, y créer des chemins de fer et des routes, rendre les rivières navigables, ce n'est pas, ce me semble, pour permettre aux étrangers d'y écouler en toute sécurité et avec plus de commodité leurs marchandises au détriment des nôtres.

Nous n'hésitons pas à dire que notre marché colonial doit nous être réservé, et que, pour atteindre ce but, nos colonies doivent être soumises au régime douanier de la Métropole. Certes, il se peut qu'en raison de traités passés avec des puissances étrangères, de délimitations spéciales de frontières, de causes quelconques, réelles et sérieuses, des dérogations aux tarifs de la Métropole doivent être accordées en certains cas;

mais il faut que celles-ci soient le plus rares possible, et, en tout cas, nous estimons qu'elles ne peuvent être concédées que par le Parlement. Il faut qu'elles soient le résultat d'une loi (car une loi seule peut en modifier une autre) et non d'un décret.

Que les Ministres, quand ils jugent que des dérogations au régime douanier doivent être accordées à certaine colonie, préparent l'enquête, s'entourent de renseignements recueillis dans la Métropole, aussi bien que dans la colonie en cause, c'est à la fois leur droit et leur devoir; mais ce sont les Chambres, dans lesquelles les colonies sont d'ailleurs représentées, qui seules sont compétentes pour trancher la question en dernier ressort.

En ce qui concerne la concession d'un traitement spécialement favorisé aux importations des colonies dans la Métropole, nous n'hésitons pas à déclarer que nous souhaitons qu'il soit accordé aux colonies, pour les produits qu'elles importent en France, les dégrèvements de droits les plus larges ; la franchise même, toutes les fois que cela sera possible, sous la réserve cependant qu'il ne s'agira pas de marchandises pouvant concurrencer celles de la Métropole. D'ailleurs, nous avons vu plus haut (et l'on ne saurait trop insister sur ce fait) l'importance des importations faites en France par les colonies. C'est là un résultat contre lequel nous sommes loin de protester, mais dont, au contraire, nous nous félicitons grandement.

Question II.

Est-il nécessaire de maintenir la répartition des colonies en deux groupes : colonies assimilées à la Métropole et colonies non assimilées ?

Conviendrait-il, au contraire, de les différencier en un plus grand nombre de catégories, en déterminant le statut de chaque catégorie, ou d'assigner un régime spécial à chaque colonie ?

Si la répartition en deux groupes paraît satisfaisante, faudrait-il conserver le classement actuel des diverses colonies, ou serait-il opportun de le modifier, et sur quels points ?

La réponse que nous venons de formuler à la question n° 1 dicte celle que nous devons faire à la seconde.

Puisque nous demandons qu'au moins en principe les colonies soient toutes assimilées à la Métropole au point de vue du régime douanier, il ne peut être question de les répartir en groupes.

Question III.

Le mode actuel de détermination des exceptions au tarif général, en ce qui concerne les colonies douanières assimilées à la Métropole, paraît-il devoir être changé ?

Quelle devrait être l'autorité compétente pour fixer ces exceptions ?

Y aurait-il intérêt à constituer un Comité spécial dans lequel seraient représentés les intérêts métropolitains et coloniaux, pour donner un avis préalable sur ces exceptions ?

Quelles devraient être la composition et les attributions de ce Comité ?

Répondant à la première question, nous avons dit que nous estimions que, seul, le Pouvoir législatif était qualifié pour accorder à certaines colonies les dérogations douanières jugées indispensables. Nous nous référons à cette déclaration.

Nous ne comprenons pas très clairement la portée des paragraphes 3 et 4 de cette question, paragraphes relatifs à la constitution d'un Comité spécial.

Veut-on prévoir un Comité chargé d'assister le Ministre compétent dans l'enquête qu'il conduira pour présenter au Parlement les projets de loi accordant des dérogations douanières à certaines colonies; ou bien, au contraire, aura-t-il pour attributions de préparer, de concert avec les Ministres et les Gouverneurs, les décrets ou les arrêtés stipulant des modifications aux tarifs métropolitains en faveur de quelques colonies ?

Si nous envisageons la première hypothèse, nous accepterons volontiers la création de ce Comité, mais sous la réserve qu'il soit composé au moins pour les deux tiers d'industriels et négociants de la Métropole élus par les Chambres de Commerce métropolitaines.

S'agit-il, au contraire, de la seconde hypothèse prévue plus haut, c'est-à-dire d'un Comité chargé d'aider les Ministres et Gouverneurs à se soustraire au contrôle du Parlement en matière de régime douanier colonial ?

Nous n'hésitons pas à déclarer qu'une telle solution constituerait un véritable empiètement sur les droits du Parlement, et nous sommes convaincus qu'en une matière aussi grave pour les intérêts de la France, ni le Sénat, ni la Chambre, ne voudront se laisser dépouiller de la légitime prérogative qui leur appartient. En le faisant, ils engageraient lourdement leur responsabilité à l'égard du pays. Si, cependant, et pour prévoir la pire solution, le système des décrets ministériels et des arrêtés de Gouverneur devait subsister, ne fût-ce que partiellement et dans des cas tout à fait exceptionnels, nous estimons que la formation du Comité spécial prévu au questionnaire ne pourrait être acceptée que sous réserve des conditions suivantes :

1° Les deux tiers au moins des sièges du Conseil devraient être attribués aux représentants élus des Chambres de Commerce de la Métropole.

Le vote devrait d'ailleurs avoir toujours lieu au scrutin secret :

2° Ce Conseil serait soumis aux règles de procédure que nous allons indiquer, et qui sont empruntées, au moins dans leurs principes, à celles suivies par le Conseil colonial belge.

Le Conseil devrait obligatoirement être consulté sur tous les projets de décret, lesquels lui seraient soumis par le Ministre, accompagnés d'un exposé des motifs. Il devrait donner ses conclusions, sous forme de rapport motivé, dans le mois à dater du jour auquel la convocation fixe sa première séance. Le rapport indiquerait le nombre des opposants ainsi que les raisons de leur opposition.

Si l'avis du Conseil était en opposition avec celui du Ministre, ce dernier devrait publier au *Journal officiel* : 1° l'exposé des motifs présentés par lui au Conseil ; 2° les rapport et conclusions du Conseil. Il ne pourrait signer le décret projeté que trois mois après la publication de ces documents, de telle sorte que, pendant ce délai, les commerçants et industriels intéressés auraient le temps de présenter leurs objections au Ministre, soit personnellement, soit par l'intermédiaire de leurs Sénateurs, Députés, des Chambres de Commerce, Syndicats, etc.

En tout cas, il faudrait que les décrets rendus malgré l'opposition du Conseil colonial ne pussent être en vigueur pendant plus d'un an.

Il ne faut pas croire qu'en formulant ce dernier avis, nous nous mettons en contradiction avec l'opinion, que nous avons émise plus haut que seul le Parlement devait être compétent pour accorder à certaines colonies des modifications à nos tarifs métropolitains.

Nous ne considérons, au contraire, cette dernière proposition que comme une solution de pis aller destinée à pallier les conséquences du régime des décrets et règlements, si, contre toute attente et toute justice, il ne devait pas être abandonné définitivement.

Question IV.

Situation des colonies au point de vue des relations commerciales internationales.

Quelles dispositions paraîtrait-il nécessaire de prendre pour assurer la défense des intérêts des colonies au point de vue des relations commerciales internationales ?

Conviendrait-il que, même pour les articles soumis à un régime d'exception, les colonies fussent pourvues d'un double tarif, général et minimum ?

Y a-t-il lieu de décider que les conventions commerciales ne doivent pas s'appliquer *ipso facto* aux colonies, et qu'il sera pourvu à la défense de leurs intérêts par des arrangements spéciaux distincts de ces traités ?

Ayant émis l'opinion que les colonies soient soumises au régime douanier métropolitain, il s'en suit que nous estimons que le Gouvernement devrait les comprendre dans les arrangements commerciaux qu'il contracte avec certains Etats. Elles profiteraient ainsi de tous les dégrèvements accordés à la Métropole.

Il y aurait, en outre, lieu de s'efforcer d'obtenir de ces Etats qu'ils nous concédassent les plus grandes réductions possibles en faveur de nos produits coloniaux.

Il nous semble indispensable que le système d'un double tarif soit toujours appliqué dans nos colonies, même pour les articles qui seraient soumis à un régime d'exception.

Il n'est en effet pas admissible que des pays qui ne nous ont accordé aucune concession douanière soient traités dans les mêmes conditions que ceux avec lesquels nous avons passé des conventions.

Question V.

*Importation dans la Métropole des denrées coloniales
dites secondaires.*

Conviendrait-il d'augmenter les faveurs accordées par le tableau E
aux produits de nos colonies importés dans la Métropole ?

Serait-il utile, notamment, d'accorder la franchise complète aux denrées coloniales dites « secondaires » (cafés, cacaos, vanilles, poivres,
thés, etc.) de nos colonies, tout en maintenant les tarifications actuelles
sur les similaires étrangers ?

Nous nous en référons à ce que nous avons dit dans notre réponse à
la question I.

Nous sommes d'avis qu'il faut donner aux produits coloniaux les
plus grandes facilités pour entrer en France, sous réserve qu'ils ne
fassent pas une concurrence victorieuse à ceux de la Métropole.

Les chiffres qui ressortent du tableau inséré en tête de notre travail
démontrent d'ailleurs, nous semble-t-il, que le régime actuel favorise
déjà l'importation par la France des produits de ses colonies.

Question VI.

Importations de colonie à colonie.

Convient-il de maintenir le régime de franchise réciproque pour les
importations faites de colonie à colonie ?

Convient-il, au contraire, de les modifier en traitant différemment ces
importations, suivant le groupe auquel appartiennent, d'une part, la
colonie importatrice, d'autre part la colonie exportatrice ?

En principe, nous croyons qu'il faudrait maintenir le régime de franchise réciproque de colonie à colonie.

Il se peut cependant que, dans la pratique, il se présente des cas où
ce système offre des inconvénients, soit pour certaines colonies, soit
pour la Métropole.

Rappelons, par exemple, que les filatures et tissages cosmopolites de
l'Inde française peuvent chaque année expédier dans nos colonies, aux

mêmes conditions que celles imposées à la Métropole, un million et demi de kilos de filés de coton et deux millions de kilos de tissus de coton, qui font une concurrence très redoutable aux produits similaires français, concurrence qui eût été bien plus désastreuse encore si la limitation de quantités prévue dans la loi du 19 avril 1904 n'était pas intervenue.

Question VII.

Transport en droiture.

Y a-t-il lieu d'apporter, soit d'une manière générale, soit en ce qui concerne plus spécialement telle ou telle colonie, des modifications aux règles qui subordonnent l'allocation de tout régime de faveur à l'obligation du transport en droiture du port d'expédition au port d'importation ?

Nous sommes d'opinion que, pour éviter les fraudes, l'allocation de tout régime de faveur doit être subordonnée à l'obligation du transport en droiture du port d'expédition au port d'importation.

Question VIII.

Exportations métropolitaines aux colonies.

Dans quelles colonies s'exportent vos produits ?

De quels pays étrangers proviennent les similaires contre la concurrence desquels vous avez à lutter ?

Quelle est l'importance de vos exportations dans chaque colonie : 1° par rapport à la consommation totale de chacune des possessions intéressées ; 2° par rapport à votre production totale ?

Quelles sont, à votre connaissance, les conditions du marché local ?

Quelles sont les mesures de détail, et notamment les modifications du tarif général ou des tarifs d'exception, qui vous paraîtraient de nature à favoriser l'extension de vos exportations ?

Nous n'avons pas de documents statistiques qui nous permettent de répondre d'une façon précise à cette question.

Nous croyons pouvoir déclarer cependant que dans notre région ce sont les tissus de coton qui constituent la plus grande partie de nos exportations dans les colonies.

Celles qui forment nos principaux débouchés sont, en dehors de l'Algérie qui nous semble être dans des conditions tout à fait spéciales, sont, disons-nous, Madagascar et l'Indo-Chine.

Qu'il nous soit permis de faire ressortir ici combien est grande, au point de vue de l'exportation des tissus de coton français dans nos colonies, l'importance du régime douanier appliqué dans chacune des dites colonies.

A l'appui de notre dire, nous avons dressé le tableau des exportations de tissus de coton faites par la Métropole de 1903 à 1907 (les chiffres pour 1908 et 1909 ne sont pas encore publiés pour toutes les colonies) dans les colonies (Algérie et Tunisie non comprises) classées dans le premier groupe par la loi douanière de 1892 et dans celles inscrites au second groupe par la même loi.

Tissus de coton importés par les Colonies
(Algérie et Tunisie non comprises).

Valeur en francs.

	PREMIER GROUPE.		DEUXIÈME GROUPE. Afrique occidentale et équatoriale, Côte des Somalis, Etablissements de l'Inde et de l'Océanie (1).	
	De France.	Total.	De France.	Total.
1903.	27.044.000	30.510.000	3.175.000	29.321.000
1904.	26.539.000	29.329.000	3.811.000	27.645.000
1905.	36.040.000	40.685.000	5.098.000	36.154.000
1906.	31.614.000	35.144.000	5.717.000	42.491.000
1907.	35.902.000	41.027.000	5.129.000	35.951.000
		Moyenne :		
1903-1097.	31.428.000	35.339.000	4.586.000	34.312.000
	88,93 %		13,36 %	

1. Dans les importations de tissus de coton du deuxième groupe, il n'a pas été possible de comprendre les quantités importées dans les Etablissements de l'Océanie, les chiffres publiés par l'Administration des Colonies ne permettant pas d'évaluer d'une manière certaine et complète ce qui concerne spécialement les tissus de coton.

A titre de renseignement : En 1907, il a été importé, dans ces Etablissements de l'Océanie, 778.849 francs de tissus de toutes sortes, dont seulement 146.308 francs de France, soit à peine 19 0/0.

Dans les colonies du premier groupe, qui ont un régime douanier calqué sur celui de la Métropole, la moyenne annuelle de nos exportations de tissus de coton représente 88,93 0/0 du total des importations faites par ces colonies dans les dits articles.

Pour ce qui est du second groupe, la moyenne annuelle de nos ventes n'est que de 1,586,000 francs, soit 13,36 0/0 des tissus de coton qu'il importe. Il faut dire qu'il est composé des colonies soumises à des régimes douaniers absolument différents de celui de la mère-patrie.

Les chiffres qui ressortent de ce tableau prouvent que partout où l'industrie textile cotonnière de la Métropole a été suffisamment protégée, elle a su se créer des débouchés importants. C'est là un argument décisif démontrant qu'il faut appliquer dans nos colonies nos tarifs métropolitains si l'on veut conserver à notre industrie cotonnière nos marchés coloniaux.

Voyons maintenant la situation qui est faite à l'industrie textile cotonnière de la Métropole dans nos possessions de l'Afrique occidentale.

Nous commencerons par mettre hors de discussion la Côte d'Ivoire et le Dahomey, qui tombent sous le coup de la convention signée avec l'Angleterre le 14 juin 1898 et complétée par la déclaration additionnelle du 21 mars 1899.

Nous reconnaissons que le Congo, au moins en partie, se trouve dans des conditions spéciales du fait de l'acte de Berlin de 1885, de la déclaration de Bruxelles de 1890 et du protocole de Lisbonne de 1892. Ces accords sont d'ailleurs arrivés à expiration depuis le 2 juillet 1905, et, depuis lors, ils se continuent d'année en année par une sorte de tacite reconduction.

Mais après avoir constaté la situation qui nous est faite par suite de conventions diplomatiques sur la Côte d'Ivoire, et si l'on veut au Congo, il faut reconnaître que nous sommes libres d'établir au Sénégal et en Guinée les tarifs qu'il nous conviendra d'y appliquer.

On nous a souvent déclaré que les frontières du Sénégal et de la Guinée sont difficiles à garder. Quelle que soit la valeur de cet argument, elle ne constitue pas cependant un motif suffisant pour nous dispenser de chercher à modifier le régime douanier assez bizarre auquel ces deux dernières colonies sont soumises, et qui a pour conséquence de réserver presque entièrement à l'étranger ou à nos établissements de l'Inde la vente des tissus de coton au Sénégal et en Guinée.

Le tableau suivant, dressé pour la période quinquennale allant de 1903 à 1907 (les résultats de 1908 et 1909 n'étant pas encore publiés), montre mieux que tout autre commentaire la situation faite aux tissus de coton de la Métropole au Sénégal et en Guinée.

Tissus de coton importés.

Valeur en francs.

	De France.	Des Colonies françaises. (1)	De l'Etranger.	Total.
	—	—	—	—
AU SÉNÉGAL.				
1903.	2.167.279	2.701.160	8.675.727	13.544.166
1904.	2.929.164	2.205.809	8.262.989	13.397.962
1905.	3.467.472	3.390.424	9.995.227	18.853.123
1906.	3.361.670	3.931.718	11.081.860	18.375.248
1907.	2.334.962	3.226.148	7.945.628	13.506.738
Moyenne :				
1903-1907.	2.852.109	3.091.052	9.192.286	15.135.447
	18,84 %	20,42 %	60,74 %	
EN GUINÉE.				
1903.	414.344	13.649	6.643.831	7.071.824
1904.	409.871	14.405	4.769.661	5.193.937
1905.	497.670	4.885	5.038.034	5.540.589
1906.	829.997	10.973	6.644.606	7.485.576
1907.	1.001.126	58.521	4.995.915	6.055.562
Moyenne :				
1903-1907.	630.601	20.486	5.618.409	6.269.497
	10,06 %	0,32 %	89,62 %	

Ces résultats déplorables peuvent surprendre. Cherchons-en donc la cause.

1. Les tissus de coton exportés par nos colonies au Sénégal proviennent presque exclusivement de nos Etablissements de l'Inde. La part revenant aux autres colonies est si infime qu'il n'y a pas lieu d'en tenir compte. En 1907, sur un total de 3.226.248 francs, il y en avait 3.218.154 qui s'appliquaient aux exportations de l'Inde au Sénégal.

Les tissus de coton qui entrent au Sénégal sont divisés en deux catégories, l'une comprenant les tissus dits guinées, l'autre les tissus de toutes sortes autres que les guinées.

Les guinées, quelle que soit leur origine, même si elles proviennent de France ou d'autres colonies françaises, comme nos établissements de l'Inde, par exemple, paient un droit d'importation de 25 millimes par mètre.

Celles importées de l'étranger supportent en outre une taxe de 6 centimes par mètre.

Tous les autres tissus de coton, qu'ils soient importés de France, des colonies françaises ou de l'étranger, acquittent d'abord un droit d'importation de 5 0/0 *ad valorem*; ceux qui viennent de l'étranger paient, en outre, une surtaxe de 7 0/0 *ad valorem*.

En Guinée, tous les tissus de coton sans exception, qu'il s'agisse de l'article dit guinée ou d'autres, sont soumis au droit d'importation de 5 0/0 *ad valorem*, même s'ils sont de provenance de la France ou de ses colonies.

Les tissus étrangers sont frappés en outre d'une surtaxe de 7 0/0 *ad valorem*.

La protection de 6 centimes accordée à la Métropole sur les guinées à leur entrée au Sénégal est déjà insuffisante par elle-même; mais, en réalité, elle ne profite qu'aux usines installées dans nos établissements de l'Inde. Elles peuvent en effet importer en franchise tous les produits dont elles ont besoin, et se trouvent ainsi dans des conditions économiques qui leur permettent de faire une concurrence toujours victorieuse à la Métropole.

Pour s'en convaincre, il n'y a qu'à se reporter au précédent tableau, puisqu'il permet de constater que de 1903 à 1907, la France a exporté en moyenne au Sénégal 2.852,109 francs par an de tissus de coton, alors que les usines de nos établissements de l'Inde lui en vendaient pour 3,091,552 francs. Ainsi que nous l'avons constaté en répondant à la question n° 6, la loi du 19 avril 1904 a essayé de remédier à cette situation en limitant à un million et demi de kilos de filés de coton et deux millions de kilos de tissus de coton les quantités de filés et tissus que les établissements de l'Inde française peuvent chaque année expédier dans nos autres colonies aux mêmes conditions que celles imposées à la Métropole; mais cette mesure n'a été qu'un palliatif qui a peut-être enrayé le mal, mais ne l'a pas fait disparaître. Cette situation nous semble vraiment intolérable, d'autant plus que le caractère cosmopolite des usines de l'Inde française ne fait de doute pour personne.

Si nous passons maintenant aux tissus de coton autres que les guinées, nous constatons que les tissus français jouissent d'une protection théorique de 7 0/0. Nous disons théorique car la taxation *ad valorem* est un véritable encouragement aux fausses déclarations de valeur, de telle sorte que le droit de 7 0/0 est loin, en réalité, de produire son plein effet.

Or, si nous attribuons aux tissus de coton importés par le Sénégal ou la Guinée une valeur de 30 centimes le mètre, il s'en suit que nous avons une protection apparente de 2 centimes 10 par mètre, mais qui, en réalité, est inférieure à ce chiffre ; alors que le même tissu importé en France de l'étranger paierait à notre tarif minimum, suivant sa contexture, 7 ou 8 centimes par mètre ou même davantage.

Le résultat d'un pareil état de choses a porté ses fruits. Nous pouvons en effet constater que, pendant la période de cinq ans de 1903 à 1907, sur une moyenne annuelle de 15,135,447 francs de tissus de coton importés par le Sénégal, 2,852,109 francs représentaient la part de la France, 3,091,052 francs celle de l'Inde française, et enfin 9,192,286 francs celle de l'étranger.

En Guinée, la situation est encore plus mauvaise, puisque de 1902 à 1907, nous ne lui avons vendu en moyenne que pour 630,501 francs par an de tissus de coton, alors qu'elle en recevait pour 5,618,409 francs de l'étranger.

Il n'est que temps de faire changer enfin une pareille situation. Depuis longtemps déjà nous réclamons des Pouvoirs publics une modification complète du régime douanier du Sénégal et de la Guinée ; mais nos plaintes n'ont jamais été entendues. On nous objecte la difficulté de garder les frontières de ces colonies, l'insuffisance d'instruction des douaniers indigènes. Toutes ces raisons ne nous semblent pas convaincantes. Nous croyons qu'avec un peu de bonne volonté, il serait possible d'essayer dans ces colonies une application, peut-être atténuée au début, de nos tarifs métropolitains. Il est en tout cas une chose que l'on pourrait faire : remplacer les droits *ad valorem* par des droits spécifiques.

Il est certain, en outre, que la construction des chemins de fer donnera de grandes facilités au service des douanes pour exercer une surveillance plus efficace que par le passé sur les marchandises entrant au Sénégal et en Guinée.

Le bénéfice que procuraient à leurs auteurs les fraudes commises au préjudice de la douane sera en bien des cas plus que compensé par l'économie résultant de la substitution, comme mode de transport, des chemins de fer aux caravanes.

Il nous semble donc que si l'application des modifications que nous demandons au régime douanier du Sénégal et de la Guinée présentait certaines difficultés il y a quelques années, elles doivent être très diminuées aujourd'hui, si même elles n'ont pas cessé d'exister.

Au moment où notre régime douanier colonial va faire l'objet d'une nouvelle étude de la part du Parlement, il faut que nous renouvelions nos doléances avec plus d'énergie que jamais.

Notre cause étant juste, nous devons obtenir satisfaction.

Question IX.

Importation des colonies dans la Métropole.

Recevez-vous des colonies des produits indispensables à votre commerce ou à votre industrie, et lesquels ?

De quels pays étrangers proviennent les similaires susceptibles de concurrencer l'importation coloniale ?

Quelle est l'importance de l'importation coloniale dans vos importations, ou votre consommation totale ?

Quelles sont les conditions spéciales du marché ?

Quelles mesures vous paraîtrait-il désirable de prendre pour développer le commerce des colonies avec la Métropole ?

Nous n'avons pas d'éléments nous permettant de répondre d'une façon suffisamment précise à cette question.

Nous pouvons seulement dire que l'Indo-Chine expédie en France environ 246,626 tonnes de riz, dont une partie vient à Rouen pour alimenter les usines d'alcool. Nous importons aussi d'importantes quantités de poivre, de maïs, de phosphates, de caoutchouc et de manioc ; nous recevons du jute et une certaine quantité de coton ; nous espérons qu'elle ira sans cesse en augmentant. Il faut en effet rappeler ici que sous l'habile direction de son dévoué et très distingué Président, M. Esnault Pelterie, l'Association cotonnière coloniale s'efforce de développer la culture du coton dans nos colonies. Les résultats obtenus sont très encourageants et autorisent les plus optimistes espérances.

CONCLUSION.

Autour de nous en Europe, en Amérique, les marchés se ferment de tous les côtés. Dans les pays exotiques, les charges qui grèvent notre industrie la mettent, par rapport à ses concurrents, dans un état de grande infériorité qui n'est plus à démontrer. Notre population n'augmente pas, de telle sorte qu'il devient très imprudent de compter sur un accroissement de notre consommation intérieure pour entretenir notre activité économique et fournir à notre industrie les débouchés qui lui sont indispensables.

C'est donc notre empire colonial qui doit nous les procurer.

Au fur et à mesure qu'elles se civiliseront, les populations indigènes augmenteront leur puissance de consommation. Ce n'est donc pas seulement en considérant le présent, mais aussi en songeant à l'avenir, que nous devons prendre toutes les mesures utiles, indispensables, en vue de conserver à notre industrie le marché de nos colonies.

Cette prétention n'est que trop légitime et facile à justifier.

De 1905 à 1909, nos colonies nous ont vendu en moyenne (nous l'avons vu plus haut) pour 315,668,000 francs par an de produits divers, alors que la moyenne de leurs achats à la Métropole n'était que de 279,682,000 francs, soit donc une différence de 35,986,000 francs par an en leur faveur.

En outre, nous nous efforçons de les mettre en valeur, en même temps que par notre occupation militaire nous y garantissons la tranquillité. Le nouvel état de choses que nous avons instauré dans nos colonies permet de prévoir pour elles l'essor et le développement d'une prospérité qui n'en est encore qu'à ses débuts. Les avantages très réels, très nombreux, que nous leur apportons, compensent certainement, et au-delà, les charges légères qu'elles supportent du fait des droits qu'elles sont obligées de payer sur les produits qu'elles achètent en dehors de la France ou de ses colonies.

Enfin, la France (et les évènements l'ont prouvé) s'est toujours attachée à prendre dans son domaine colonial toutes les denrées ou matières premières qu'elle a pu y trouver, et au cours même de cette étude, nous demandons encore que toutes les facilités possibles soient données aux colonies pour importer leurs produits en France.

En disant qu'elles doivent acheter à la Métropole les marchandises dont elles ont besoin, nous ne faisons que réclamer un acte de réciprocité.

Nous croyons pouvoir résumer cet exposé en exprimant le vœu, d'où dépend la prospérité réciproque de la France et de ses colonies, que nos marchés coloniaux soient réservés aux marchandises françaises, et que la France s'efforce de mettre ses colonies en valeur et reste fidèle à ses traditions en leur achetant tous les produits qui lui sont nécessaires et qu'elle peut y trouver.

La Chambre de Commerce de Rouen, après avoir entendu la lecture de ce rapport, en adopte les conclusions et les transforme en une délibération qui sera imprimée pour être distribuée.

Le Président,

R. WADDINGTON.

Rouen. — Imp. LECERF fils, rue des Bons-Enfants, 46-48.

ORDONNANCE DU ROI,

CONCERNANT

LE RÉGIMENT ROYAL-ITALIEN.

Du 26 Avril 1775.

A PARIS,

DE L'IMPRIMERIE ROYALE.

M. DCCLXXV.

ORDONNANCE DU ROI,

Concernant le Régiment Royal-Italien.

Du 26 Avril 1775.

DE PAR LE ROI.

SA MAJESTÉ ayant jugé utile au bien de son service, de donner à son régiment Royal-Italien, une composition plus solide, & de l'assimiler au reste de son Infanterie, a ordonné & ordonne ce qui suit:

ARTICLE PREMIER.

LE régiment d'Infanterie Françoise de Tournaisis sera supprimé, & les neuf compagnies qui le composent seront incorporées dans le régiment Royal d'Infanterie Italienne, lequel, au moyen de cette incorporation, sera composé à l'avenir de deux bataillons, divisés chacun en neuf compagnies, dont une de Grenadiers & huit de Fusiliers.

2.

CHACUNE des compagnies de Grenadiers sera, soit

B 2

en temps de paix, soit en temps de guerre, commandée par un Capitaine, un Lieutenant & un Sous-lieutenant; & composée d'un Fourrier, de deux Sergens, quatre Caporaux, quatre Appointés, quarante Grenadiers & un Tambour.

Les quatre Caporaux, les quatre Appointés & les quarante Grenadiers, seront distribués en quatre escouades de douze hommes chacune, dont un Caporal & un Appointé. La première & la troisième de ces escouades formeront la première division, à laquelle sera attaché le premier Sergent. La seconde & la quatrième escouade formeront la seconde division, à laquelle sera attaché le second Sergent. La première division sera subordonnée au Lieutenant; la seconde, au Sous-lieutenant: ces deux Officiers en rendront compte tous les jours au Capitaine, qui en répondra au Major; le Major au Colonel, en son absence, au Colonel - commandant, & en l'absence de celui-ci, au Lieutenant-colonel.

3.

L'INTENTION de Sa Majesté est que les Grenadiers qui viendront à manquer, continuent d'être remplacés sur le champ par les compagnies de Fusiliers, chacune à leur tour, en choisissant les plus beaux hommes, & ceux dont la bonne conduite & la valeur mériteront la préférence.

4.

CHACUNE des compagnies de Fusiliers sera commandée en tout temps par un Capitaine, un Lieutenant & un Sous-lieutenant; & composée, en temps de paix, d'un Fourrier, trois Sergens, six Caporaux, six Appointés, quarante-deux Fusiliers, deux Tambours, Fifres ou Clarinets; de manière que dans quatre compagnies il y ait un Tambour & un Clarinet ou Fifre, & dans les quatre autres, deux Tambours sans Clarinets ni Fifres: l'intention de Sa Majesté étant qu'il n'y ait jamais plus de quatre Musiciens par bataillon.

5

Sa Majefté donnera fes ordres, à la première augmen-
tation qu'Elle jugera à propos de faire dans fon Infanterie,
pour créer un Sergent, deux Caporaux & deux Appointés;
de façon qu'alors chaque compagnie de Fufiliers fe trou-
vant commandée par le même nombre d'Officiers, foit
compofée d'un Fourrier, quatre Sergens, huit Caporaux,
huit Appointés, du nombre de Fufiliers que Sa Majefté
fe réferve de fixer, & deux Tambours, Clarinets ou
Fifres, divifés en huit efcouades.

5.

CHAQUE compagnie de Fufiliers, fur le pied de
foixante hommes, réglé pour le temps de paix par l'article
précédent, fera divifée en fix efcouades, compofées chacune de neuf hommes, dont un Caporal & un Appointé.
Les Fufiliers feront rangés en bataille, par rang de taille,
chacun dans leur compagnie.

La première & la quatrième efcouade formeront une
première divifion, à laquelle fera attaché le premier
Sergent. La feconde & la cinquième efcouade, formeront une feconde fubdivifion, à laquelle fera attaché le
fecond Sergent; & les troifième & fixième efcouades
formeront la troifième fubdivifion, à laquelle fera attaché
le troifième Sergent. Ces différentes fubdivifions feront
commandées par le Lieutenant & le Sous-lieutenant: ces
deux Officiers en rendront compte tous les jours au
Capitaine ou Chef de bataillon, qui en répondra au
Major, le Major au Colonel, en fon abfence, au Colonel-
commandant, &, en l'abfence de celui-ci, au Lieutenant-
colonel.

L'intention de Sa Majefté étant d'ailleurs que l'Aide-
major de chaque bataillon rende compte au Colonel-
commandant & au Lieutenant-colonel, lorfque, le Colonel
étant préfent, le compte ne leur fera pas rendu par le
Major; Elle veut également, lorfque le Colonel - commandant commandera le régiment, que l'Aide-major de
chaque bataillon rende compte au Lieutenant-colonel.

6.

SA MAJESTÉ ayant jugé à propos d'établir des Chefs de bataillons dans chacun des bataillons de son Infanterie Françoise & Étrangère, par son Ordonnance du 28 juin 1774; & voulant expliquer ses intentions sur le grade & les prérogatives desdits Chefs de bataillons, a réglé qu'ils seront reçus en cette qualité, à la tête de leur bataillon, par le Commandant du régiment.

Qu'ils seront exempts du service de Capitaine, & commandés, comme Officiers supérieurs, pour la discipline intérieure du régiment. Ils seront alors accompagnés par un Sous-aide-major.

L'ordre leur sera porté par le Sous-aide-major de leur bataillon, & l'Aide-major leur rendra compte, à la parade, de ce qui se sera passé dans leur bataillon; ce qui ne dispensera pas lesdits Chefs de bataillons, ainsi que les autres Capitaines, de rendre un compte direct de leur compagnie au Major, jusqu'à ce que Sa Majesté ait jugé à propos d'y nommer des Capitaines-commandans, conformément à l'Ordonnance du 18 juin 1774.

Lesdits Chefs de bataillons seront subordonnés à tous Lieutenans-colonels & Majors titulaires.

L'intention de Sa Majesté étant d'ailleurs qu'ils portent pour marque distinctive une épaulette avec une frange simple, & non à nœuds de cordelières, en or aux épaulettes d'argent, & en argent aux épaulettes d'or; & qu'au surplus les dispositions de son Ordonnance du 28 juin 1774, pour leur établissement, soient exécutées en tout ce qui ne sera pas contraire à ce qui est réglé ci-dessus.

7.

L'ÉTAT-MAJOR dudit régiment, sera composé d'un Colonel, un Colonel-commandant, lorsque le Colonel sera Officier général, un Lieutenant-colonel, un Major, de deux Chefs de bataillons, deux Aides-major, deux

7

Sous-aides-major, quatre Porte-drapeaux, un Quartier-
maître, un Aumônier, un Chirurgien, un Tambour-
major & un Armurier.

8.

SA MAJESTÉ fe réferve, comme dans les régimens
d'Infanterie Françoife, la nomination des charges de
Lieutenant-colonel & de Major, qu'Elle choifira parmi
ceux des Capitaines de ce régiment, indiftinctement,
qu'Elle jugera devoir mériter cet avancement.

Voulant bien cependant Sa Majefté, que les Officiers
du régiment de Tournaifis puiffent être nommés à des
emplois fupérieurs dans fes régimens d'Infanterie Françoife, lorfqu'ils s'en rendront fufceptibles par la diftinction
de leurs fervices.

9.

L'INCONVÉNIENT qui réfulte du commandement
établi dans l'Infanterie, par ancienneté de régiment, a
déterminé Sa Majefté à l'abolir, & à régler que le commandement appartiendra à l'avenir, dans toute l'Infanterie,
aux plus anciens Officiers, fuivant la date de leurs lettres
ou commiffions : dans le cas feulement où deux ou plufieurs Officiers fe trouveroient être de même date, alors
celui du plus ancien régiment prendra le commandement.

I O.

EN conféquence de cette nouvelle difpofition, les
Capitaines de Grenadiers ne pourront prétendre au commandement, à l'exclufion des Capitaines de Fufiliers,
que lorfqu'ils fe trouveront les plus anciens de date de
commiffion de Capitaine.

I I.

VEUT Sa Majefté qu'il en foit ufé de même entre les
Colonels, Colonels-commandans, Lieutenans-colonels,
Majors & Chefs de bataillons, qui ne pourront prétendre
à l'avenir au commandement dans leurs grades refpectifs,
qu'en vertu de la date de leurs commiffions, lettres ou

brevets, & réclamer ledit commandement fur le rang de leurs régimens dans l'Infanterie, que dans le cas feulement où ils fe trouveroient de même date.

I 2.

SA MAJESTÉ veut bien permettre que, pendant la paix, il foit accordé deux emplois de Sous-lieutenans furnuméraires fans appointemens, par bataillon, fans que ce nombre puiffe être augmenté.

I 3.

L'INTENTION de Sa Majefté eft que les Fourriers, Sergens, Caporaux & Fufiliers, continuent à faire le fervice comme ci-devant, & à commander entr'eux fuivant le rang du régiment dans lequel ils ferviront, & fans avoir égard à leur ancienneté perfonnelle.

I 4.

SA MAJESTÉ n'entend rien changer à ce qui a été réglé par l'Ordonnance du 21 décembre 1762, concernant le régiment Royal-Italien, fur le rang & l'autorité des différens grades des Officiers & bas Officiers defdits régimens, qui doit être fuivi en tout ce qui ne fera pas contraire aux difpofitions de la préfente Ordonnance.

I 5.

VOULANT Sa Majefté expliquer fes intentions fur le choix des bas Officiers, Elle a réglé que:

Lorfqu'il vaquera une place de Fourrier de Grenadiers, celui qui devra la remplir, fera choifi dans le nombre des Sergens de Grenadiers, ou de ceux des compagnies de Fufiliers.

Lorfqu'il vaquera une place de Sergent de Grenadiers, il fera choifi dans le nombre des Caporaux de Grenadiers, ou dans celui des Sergens de Fufiliers.

Et lorfqu'il vaquera une place de Caporal de Grenadiers, il fera choifi dans le nombre des Grenadiers, ou des Caporaux des compagnies de Fufiliers qui auront été tirés précédemment defdites compagnies de Grenadiers.

9

16.

ON fe conformera, pour le choix des Fourriers, Sergens & Caporaux des compagnies de Fufiliers, aux difpofitions des articles 38, 39 & 40 de ladite Ordonnance du 21 décembre 1762; à la réferve cependant des Fourriers, qui feront choifis dans le nombre des Sergens; l'Ordonnance du 13 août 1765, attribuant auxdits Fourriers l'autorité fupérieure fur tous les Sergens.

17.

LE Tambour-major continuera à avoir l'autorité & à veiller fur la conduite des Tambours & des Clarinets ou Fifres; mais Sa Majefté veut encore que les Fourriers, Sergens & Caporaux de chaque compagnie veillent également fur la conduite des Tambours, Clarinets ou Fifres de leur compagnie, de même que fur celle des Soldats, & que lefdits Tambours & Muficiens vivent en chambrée dans leur compagnie, & qu'ils y couchent.

18.

L'ÉTABLISSEMENT d'un quartier d'affemblée pour les Recrues, réglé par l'article 20 de l'Ordonnance du 21 décembre 1762, & conformément à l'Ordonnance du 1.er février 1763, concernant les Recrues des régimens d'Infanterie Étrangère, continuera à avoir lieu. Cependant Sa Majefté ayant jugé à propos de porter le régiment Royal-Italien à deux bataillons, le dépôt dudit régiment fera compofé à l'avenir, en temps de paix, d'un Capitaine ou d'un Lieutenant, & il aura fous fes ordres deux Sergens ou quatre Caporaux ou anciens Soldats propres à faire des recrues. Ledit dépôt fera compofé, en temps de guerre, d'un Capitaine ou Lieutenant, avec un Sous-lieutenant, trois Sergens & fix Caporaux ou anciens Soldats.

19.

SA MAJESTÉ ayant jugé à propos de régler une paye de paix & une paye de guerre à fes régimens

d'Infanterie ; en conféquence, Elle veut que les appointemens & folde foient payés audit régiment de Royal-
Italien , fur le pied :

SAVOIR;

COMPAGNIES DE GRENADIERS.	EN TEMPS DE PAIX.			EN TEMPS DE GUERRE.		
	Par jour.	Par mois.	Par an.	Par jour.	Par mois.	Par an.
Au Capitaine de Grenadiers, fix livres en temps de paix ; & fept livres treize fous quatre den. en temps de guerre, ci.......	6ˡ ııˢ ııᵈ	180ˡ ııˢ ııᵈ	2160ˡ	7ˡ 13ˢ 4ᵈ	230ˡ ııˢ ııᵈ	2760ˡ
Au Lieutenant, deux livres dix fous en temps de paix ; & trois livres fix fous huit deniers en temps de guerre, ci........	2. 10. ıı	75. ıı ıı	900.	3. 6. 8	100. ıı ıı	1200.
Au Sous-lieutenant, une livre treize fous quatre den. en temps de paix ; & deux livres dix fous en temps de guerre, ci......	1. 13. 4	50. ıı ıı	600.	2. 10. ıı	75. ıı ıı	900.
Au Fourrier, treize fous quatre deniers en temps de paix ; & treize fous huit deniers en temps de guerre, ci...............	ıı 13. 4	20. ıı ıı	240.	ıı 13. 8	20. 10. ıı	246.
A chaque Sergent, douze fous quatre deniers en temps de paix ; & douze fous huit den. en temps de guerre, ci.............	ıı 12. 4	18. 10. ıı	222.	ıı 12. 8	19. ıı ıı	228.
A chaque Caporal, huit fous huit deniers en temps de paix ; & neuf fous en temps de guerre, ci	ıı 8. 8	13. ıı ıı	156.	ıı 9. ıı	13. 10. ıı	162.
A chaque Appointé, fept fous huit deniers en temps de paix ; & huit fous en temps de guerre, ci	ıı 7. 8	11. 10. ıı	138.	ıı 8. ıı	12. ıı ıı	144.
A chaque Grenadier & Tambour , fix fous huit deniers en temps de paix ; & fept fous en temps de guerre , ci.........	ıı 6. 8	10. ıı ıı	120.	ıı 7. ıı	10. 10. ıı	126.

COMPAGNIES DE FUSILIERS.

Au premier Capitaine de Fufiliers de chaque bataillon , fix livres en temps de paix ; & fept livres treize fous quatre deniers en temps de guerre, ci.........	6. ıı ıı	180. ıı ıı	2160.	7. 13. 4	230. ıı ıı	2760.

Aux fecond & troifième Capitaines de Fufiliers de chaque bataillon, cinq livres dix fous en

	EN TEMPS DE PAIX.			EN TEMPS DE GUERRE.		
	Par jour.	Par mois.	Par an.	Par jour.	Par mois.	Par an.
temps de paix; & sept livres trois sous quatre deniers en temps de guerre, ci…………	5ˡ 10ˢ ″ᵈ	165ˡ ″ˢ ″ᵈ	1980ˡ	7ˡ 3ˢ 4ᵈ	215ˡ ″ˢ ″ᵈ	2580ˡ
A chacun des autres Capitaines de Fusiliers, cinq livres en temps de paix; & six livres treize sous quatre den. en temps de guerre, ci	5. ″ ″	150. ″ ″	1800.	6. 13. 4	200. ″ ″	2400.
A chaque Lieutenant, une livre treize sous quatre den. en temps de paix; & deux livres quinze sous six deniers deux tiers en temps de guerre, ci…………	1. 13. 4	50. ″ ″	600.	2. 15. 6⅔	83. 6. 8	1000.
A chaque Sous-lieutenant, une livre dix sous en temps de paix; & deux livres quatre sous cinq den. un tiers en temps de guerre, ci.	1. 10. ″	45. ″ ″	540.	2. 4. 5⅓	66. 13. 4	800.
A chaque Fourrier, douze sous quatre deniers en temps de paix; & douze sous huit den. en temps de guerre, ci…………	″ 12. 4	18. 10. ″	222.	″ 12. 8	19. ″ ″	228.
A chaque Sergent, onze sous quatre deniers en temps de paix; & onze sous huit den. en temps de guerre, ci…………	″ 11. 4	17. ″ ″	204.	″ 11. 8	17. 10. ″	210.
A chaque Caporal, sept sous huit deniers en temps de paix; & huit sous en temps de guerre, ci	″ 7. 8	11. 10. ″	138.	″ 8. ″	12. ″ ″	144.
A chaque Appointé, six sous huit deniers en temps de paix; & sept sous en temps de guerre, ci.	″ 6. 8	10. ″ ″	120.	″ 7. ″	10. 10. ″	126.
A chaque Fusilier ou Tambour, cinq sous huit deniers en temps de paix; & six sous en temps de guerre, ci…………	″ 5. 8	8. 10. ″	102.	″ 6. ″	9. ″ ″	108.
A chaque Fifre ou Clarinet, six sous huit deniers en temps de paix; & sept sous en temps de guerre, ci…………	″ 6. 8	10. ″ ″	120.	″ 7. ″	10. 10. ″	126.
ÉTAT-MAJOR.						
Au Colonel, indépendamment de ses appointemens de Capitaine, vingt-huit livres six sous huit den. en tout temps, ci…………	28. 6. 8	850. ″ ″	10200.	28. 6. 8	850. ″ ″	10200.
Au Colonel-commandant, lorsqu'il existera, seize livres treize sous						

	EN TEMPS DE PAIX.			EN TEMPS DE GUERRE.		
	Par jour.	Par mois.	Par an.	Par jour.	Par mois.	Par an.
quatre deniers en temps de paix ; & vingt-cinq livres en temps de guerre, ci.............	$16^{l}\ 13^{f}\ 4^{d}$	$500^{l}\ n^{f}\ n^{d}$	6000^{l}	$25^{l}\ n^{f}\ n^{d}$	$750^{l}\ n^{f}\ n^{d}$	9000^{l}
Au Lieutenant-colonel, indépendamment de ses appointemens de Capitaine, quatre liv. quatorze sous cinq deniers un tiers en temps de paix ; & huit livres six sous huit deniers en temps de guerre, ci . .	$4.\ 14.\ 5\frac{1}{3}$	$141.\ 13.\ 4$	$1700.$	$8.\ 6.\ 8$	$250.\ \textit{//}\ \textit{//}$	$3000.$
Au Major, huit liv. en temps de paix ; & onze livres deux sous deux deniers deux tiers en temps de guerre, ci.............	$8.\ \textit{//}\ \textit{//}$	$240.\ \textit{//}\ \textit{//}$	$2880.$	$11.\ 2.\ 2\frac{2}{3}$	$133.\ 6.\ \textit{//}$	$4000.$
A chaque Chef de bataillon, six livres treize sous quatre deniers en temps de paix ; & huit livres deux sous deux deniers deux tiers en temps de guerre, ci......	$6.\ 13.\ 4$	$200.\ \textit{//}\ \textit{//}$	$2400.$	$8.\ 2.\ 2\frac{2}{3}$	$283.\ 6.\ 8$	$3400.$
A chaque Aide-major avec commission de Capitaine, cinq livres en temps de paix ; & six livres treize sous quatre deniers en temps de guerre, ci........	$5.\ \textit{//}\ \textit{//}$	$150.\ \textit{//}\ \textit{//}$	$1800.$	$6.\ 13.\ 4$	$200.\ \textit{//}\ \textit{//}$	$2400.$
A chaque Aide-major sans commission de Capitaine, trois livres six sous huit den. en temps de paix ; & cinq livres en temps de guerre, ci.............	$3.\ 6.\ 8$	$100.\ \textit{//}\ \textit{//}$	$1200.$	$5.\ \textit{//}\ \textit{//}$	$150.\ \textit{//}\ \textit{//}$	$1800.$
A chaque Sous-aide-major, une livre treize sous quatre deniers en temps de paix ; & trois livres six sous huit deniers en temps de guerre, ci.............	$1.\ 13.\ 4$	$50.\ \textit{//}\ \textit{//}$	$600.$	$3.\ 6.\ 8$	$100.\ \textit{//}\ \textit{//}$	$1200.$
A chaque Porte-drapeau, une livre dix sous en temps de paix ; & deux livres quatre sous cinq den. un tiers en temps de guerre, ci . .	$1.\ 10.\ \textit{//}$	$45.\ \textit{//}\ \textit{//}$	$540.$	$2.\ 4.\ 5\frac{1}{3}$	$66.\ 13.\ 4$	$800.$
Au Quartier-maître, une livre dix sous en temps de paix ; & deux livres quatre sous cinq den. un tiers en temps de guerre, ci.	$1.\ 10.\ \textit{//}$	$45.\ \textit{//}\ \textit{//}$	$540.$	$2.\ 4.\ 5\frac{1}{3}$	$66.\ 13.\ 4$	$800.$
A l'Officier chargé de la Caisse, une livre treize sous quatre deniers en tout temps, ci.........	$1.\ 13.\ 4$	$50.\ \textit{//}\ \textit{//}$	$600.$	$1.\ 13.\ 4$	$50.\ \textit{//}\ \textit{//}$	$600.$
Au Tambour-major, quatorze sous en tout temps, ci......	$\textit{//}\ 14.\ \textit{//}$	$21.\ \textit{//}\ \textit{//}$	$252.$	$\textit{//}\ 14.\ \textit{//}$	$21.\ \textit{//}\ \textit{//}$	$252.$
A l'Aumônier, une livre treize						

13

	EN TEMPS DE PAIX.			EN TEMPS DE GUERRE.		
	Par jour.	Par mois.	Par an.	Par jour.	Par mois.	Par an.
fous quatre deniers en temps de paix; & deux livres cinq fous fix deniers deux tiers en temps de guerre, ci................	1ˡ 13ˢ 4ᵈ	50ˡ ″ˢ ″ᵈ	600ˡ	2ˡ 5ˢ 6ᵈ⅔	68ˡ 6ˢ 8ᵈ	820ˡ
Au Chirurgien, une livre fept fous neuf deniers un tiers en temps de paix; & deux livres en temps de guerre, ci.............	1. 7. 9⅓	41. 13. 4	500.	2. ″ ″	60. ″ ″	720.
OFFICIERS & BAS OFFICIERS RECRUTEURS.						
Au Capitaine, cinq livres en tout temps, ci.............	5. ″ ″	150. ″ ″	1800.	5. ″ ″	150. ″ ″	1800.
Au Lieutenant, trois livres fix fous huit den. en tout temps, ci	3. 6. 8	100. ″ ″	1200.	3. 6. 8	100. ″ ″	1200.
Au Sous-lieutenant, deux livres en tout temps, ci..........	2. ″ ″	60. ″ ″	720.	2. ″ ″	60. ″ ″	720.
A chaque Sergent, une livre en tout temps, ci...........	1. ″ ″	30. ″ ″	360.	1. ″ ″	30. ″ ″	360.
A chaque Caporal, quinze fous en tout temps, ci..........	″ 15. ″	22. 10. ″	270.	″ 15. ″	22. 10. ″	270.

Voulant Sa Majefté que la paye de guerre ne foit donnée audit régiment, que quand il fervira en campagne, à commencer du jour de fon arrivée à l'armée, jufqu'à celui de fon départ de l'armée pour rentrer dans le royaume; & que, lorfqu'il demeurera en garnifon dans le royaume, pendant la guerre, il ne touche que la paye réglée pour le temps de paix.

20.

L'INTENTION de Sa Majefté eft que, comme il a été réglé précédemment, les Aides-major qui auront la commiffion de Capitaine, concourent, d'après la date de ladite commiffion, avec les autres Capitaines, pour jouir du fupplément d'appointemens qui eft accordé aux Capitaines de la première & de la feconde claffe, dont ils feront nombre.

2 1.

L A retenue pour l'entretien du linge & chauffure, continuera d'avoir lieu, ainfi qu'elle eft réglée par l'article 27 de l'Ordonnance du 21 décembre 1762.

2 2.

VEUT au furplus Sa Majefté que les difpofitions qui ont été faites par ladite Ordonnance, ou poftérieurement, pour la Maffe de l'habillement, pour la Maffe des Recrues, & pour celle des fix livres pour chaque homme par an, deftinée aux réparations journalières, aient leur entière exécution.

L'intention de Sa Majefté étant que, fur ladite Maffe de fix livres, il foit donné à chaque Tambour une haute-paye de deux fous par jour, au moyen de laquelle lefdits Tambours feront tenus d'entretenir leur caiffe de peaux & de cordages, & de fe fournir de baguettes.

2 3.

SA MAJESTÉ ayant reconnu l'utilité d'entretenir un Maître-armurier à la fuite de l'État-major de chaque régiment, pour pourvoir aux réparations des armes, a réglé que ledit Maître-armurier fera engagé au moins pour deux ans, & affujetti aux peines portées par les Ordonnances; il ne fera nombre dans aucune compagnie, & jouira de douze livres par mois, qui lui tiendront lieu d'engagement, laquelle fomme fera prife fur la Maffe des fix livres.

2 4.

POUR parvenir à la nouvelle compofition prefcrite par la préfente Ordonnance, l'Infpecteur qui fera chargé de fon exécution, fera mettre chaque régiment fous les armes, après avoir pris les ordres du Gouverneur ou Commandant de la province ou de la place où lefdits régimens fe trouveront, & en préfence du Commiffaire des guerres qui en aura la police.

2 5.

Il fera une revue exacte de chacun defdits régimens; par laquelle il conftatera le nombre d'Officiers, de bas Officiers & Soldats dont lefdits régimens feront compofés; & le Commiffaire des guerres fera auffi la fienne, pour fervir au payement de chacun defdits régimens jufqu'au jour de la nouvelle compofition exclufivement.

2 6.

L'Inspecteur ordonnera, de la part de Sa Majefté, aux Colonel, Lieutenant-colonel & Major du régiment de Tournaifis, qui doit être incorporé dans celui de Royal-Italien, de quitter le commandement dudit régiment. Il ordonnera le mélange des compagnies des deux bataillons, fuivant l'ancienneté des Capitaines qui fe trouveront les commander, & il complettera les bas Officiers & les compagnies de Grenadiers.

Le Chef de bataillon & le Capitaine de Grenadiers feront confervés, dans le cas même où, après l'incorporation, il fe trouveroit des Capitaines dans le même régiment dont les commiffions feroient d'une date antérieure à celle defdits Chef de bataillon & Capitaine de Grenadiers; mais ce dernier ne pourra parvenir à l'emploi de Chef de bataillon, que fuivant fon rang d'ancienneté dans le régiment.

Le Quartier-maître & le Tambour-major du régiment Royal-Italien devant être confervés, l'intention de Sa Majefté eft que le Quartier-maître du régiment de Tournaifis foit entretenu à la fuite du régiment en qualité de Lieutenant, qu'il jouiffe du traitement qui lui eft attribué, & qu'il foit remplacé à la première Lieutenance qui viendra à vaquer. Le Tambour-major dudit régiment de Tournaifis fera également confervé en qualité de

Tambour-major furnuméraire, jufqu'à ce qu'il puiffe être remplacé, & continuera de jouir de la folde réglée pour fon grade.

A l'égard de l'Aumônier & du Chirurgien dudit régiment incorporé, qui fe trouveront fans emplois, Sa Majefté veut qu'ils foient, par préférence à tous autres, remplacés dans les régimens qui feront dédoublés. L'Infpecteur réunira les différentes Maffes des deux régimens, & en dreffera un état détaillé.

27.

S'il fe trouvoit des Capitaines dont les commiffions fuffent de même date, l'Infpecteur établira leur rang fuivant leur ancienneté dans le grade de Lieutenant, & en cas d'égalité, fuivant leur ancienneté dans le grade de Sous-lieutenant; & fi toutes leurs lettres fe trouvoient de même date, alors le Capitaine du régiment qui recevra l'incorporation, fera préféré.

Il en fera ufé de même pour les Lieutenans, Sous-lieutenans & Porte-drapeaux.

28.

Ledit Infpecteur procédera enfuite à faire dreffer un contrôle de tous les Officiers qui compoferont le régiment, contenant leurs noms, furnoms, les dates & les lieux de leur naiffance, le détail de leurs fervices, l'époque de leurs différens grades, enfin tous les détails qui pourront faire connoître leurs fervices, leurs mœurs & leurs talens.

29.

Après que ces différentes opérations feront terminées, l'Infpecteur fera dreffer des contrôles par compagnie, des hommes qui les compoferont, contenant leurs noms, furnoms, fignalement, le lieu & la date de leur naiffance, leur grade, l'époque de leur engagement, & il adreffera

des doubles de ces contrôles au Secrétaire d'État ayant
le département de la guerre.

3 0.

L'INTENTION de Sa Majesté étant que les Officiers,
bas Officiers, Grenadiers & Soldats qui composeront
par la suite le régiment Royal-Italien, soient de nation
Italienne, & voulant seulement que ceux qui composent
actuellement le régiment de Tournaisis, incorporé dans
ledit régiment Royal-Italien, y continuent le temps de
leur service; Elle défend très-expressément aux Officiers
dudit régiment de rengager aucuns Soldats françois:
Voulant bien cependant Sa Majesté avoir égard à l'ancienneté des bas Officiers dudit régiment & aux Soldats
qui ont contracté un troisième engagement, ainsi qu'à
la perte qu'ils feroient de leur rang en passant dans un
autre régiment; Elle permet de conserver dans ledit
régiment Royal-Italien, lesdits bas Officiers & les Soldats
qui auront contracté un troisième engagement. Ordonne
au surplus Sa Majesté d'expédier des congés absolus,
exactement après l'expiration de leur engagement ou
rengagement, à tous les Soldats qui n'auront pas seize
ans de service, & défend aux Officiers dudit régiment
d'y recevoir à l'avenir, sous quelque prétexte que ce
puisse être, aucun homme né dans les provinces de sa
domination: enjoignant au Commissaire des guerres qui
par la suite aura la police dudit régiment, de faire délivrer
sur le champ le congé absolu à ceux qui se trouveront
dans l'un des cas expliqués ci-dessus; déclarant Sa Majesté
tout engagement ou rengagement contracté dans pareil
cas, nul & comme non avenu.

3 1.

LES bas Officiers, Grenadiers & Soldats françois qui,
conformément à l'article précédent, auront obtenu leurs
congés absolus après avoir fini le terme de leurs engage-

mens ou rengagemens, & qui voudront continuer leurs
services, pourront se rengager dans un régiment françois
à leur choix; & Sa Majesté veut qu'ils soient susceptibles
des avantages accordés à l'ancienneté de service par
l'Ordonnance du 16 avril 1771, aux mêmes époques
que s'ils n'avoient point changé de régiment, pourvu
toutefois qu'ils n'excèdent point le terme de six mois
entre la date de l'expédition de leurs congés absolus
& celle du nouvel engagement qu'ils contracteront.

32.

EN conséquence des dispositions ci-dessus, Sa Majesté
a réglé que les Sous-lieutenances qui viendront à vaquer
par la suite dans ledit régiment Royal-Italien, ne pourront
être remplies que par des Italiens; enjoignant Sa Majesté
au Colonel dudit régiment de n'en point proposer
d'autres.

33.

SA MAJESTÉ fera connoître ses intentions sur les
uniformes de ses régimens d'Infanterie, par un Règlement
particulier.

34.

IL sera dressé, par le Commissaire des guerres qui sera
présent à l'exécution de la présente Ordonnance, un
procès-verbal de la nouvelle composition dudit régiment,
qui y est prescrite: Voulant Sa Majesté que la solde &
les différens traitemens réglés aient lieu, à commencer
du jour & de la date dudit procès-verbal, dont il sera
remis un double, signé dudit Commissaire des guerres,
au Trésorier; voulant aussi Sa Majesté qu'il en soit envoyé
un double au Secrétaire d'État ayant le département de
la guerre.

35.

SA MAJESTÉ connoissant l'utilité dont les Chirurgiens
sont aux Corps où ils servent, & voulant les y attacher

19

de plus en plus en leur affurant un fort, lorfque leur âge ou leurs infirmités les mettront hors d'état de fervir, a bien voulu régler que tout Chirurgien qui aura fervi dans un ou plufieurs régimens l'efpace de vingt-quatre ans révolus, & qui ne pourra plus continuer fes fervices, obtiendra, fur le compte qui en fera rendu par l'Infpecteur au Secrétaire d'État ayant le département de la guerre, une penfion de retraite de quatre cents livres qui lui fera affignée fur l'Extraordinaire des guerres; & que ladite penfion de retraite fera portée à fix cents livres s'il a continué fes fervices pendant trente ans fans interruption.

36.

VOULANT au furplus Sa Majefté, que les Ordonnances & Règlemens précédemment rendus, foient exécutés en tout ce qui ne fera pas contraire à la préfente.

MANDE & ordonne Sa Majefté aux Officiers généraux ayant commandement fur fes Troupes, aux Gouverneurs & Lieutenans généraux dans fes provinces, aux Gouverneurs & Commandans de fes villes & places, aux Infpecteurs généraux de fes Troupes d'Infanterie, aux Intendans dans fes provinces & fur fes frontières, aux Commiffaires des guerres & à tous autres fes Officiers qu'il appartiendra, de tenir la main à l'exécution de la préfente Ordonnance.

FAIT à Verfailles le vingt-fix avril mil fept cent foixante-quinze. *Signé* LOUIS. *Et plus bas.* LE MARÉCHAL DE FELIX DU MUY.